ADDRESS
BOOK

A

A

B

B

B

C

C

D

D

D

E

E

F

F

G

G

H

H

J

J

K

K

L

L

M

M

N

N

N

P

P

P

Q

R

R

R

S

S

S

T

T

T

U

V

W

W

XYZ